Remarques historiques et anecdotes sur le Château de la Bastille.

1774

REMARQUES
HISTORIQUES
ET
ANECDOTES
sur le Château de la
BASTILLE.

M DCC LXXIV.

PRÉFACE
DE
L'ÉDITEUR.

Depuis que la liberté des François a reçu le coup de la mort (*), le Despotisme, ce fléau du genre humain qu'il avilit, qu'il dégrade & qu'il déshonore, s'affermit en frappant sur tous les Ordres, & en rendant la terreur générale. On n'entend parler que d'éxils, de proscriptions, de prisons : entre celles-ci, la plus redoutable est, sans doute la Bastille. L'éspionnage & la délation que l'on exerce avec tant d'exactitude & si généralement, doivent faire craindre à tous les Citoyens d'aller habiter ce séjour d'horreur & de larmes.

M. de Saintfoy a dit qu'*il est plus sûr de s'en taire, que d'en parler*. Je pense comme lui que c'est le plus sûr pour l'Ecrivain ; mais ce n'est pas le plus avantageux pour la génération présente, ni pour la postérité. Ainsi je ne balance pas à sacrifier ce qui seroit le plus sûr pour ma tranquillité, quand je considére qu'il est nécessaire d'avertir mes Concitoyens, de jetter les yeux sur les fers dont on les a chargés pendant 3. Regnes successifs.

Henry IV. fit les délices de ses Sujets. Sa mémoire sera à jamais l'objet de la vénération nationale. C'est sous son Successeur que la liberté commença à recevoir les premieres atteintes.

Richelieu qui regna sous le nom de Louis XIII. remplit les Châteaux & les prisons. Il avoit fait

(*) Années 1770, & 1771.

Préface de L'Editeur.

pratiquer jusques dans sa maison un *Vade in pace* où il sacrifioit souvent des victimes à sa tyrannie.

L'Histoire présente peu de Regnes où l'on ait exercé plus de violences & de cruautés que sous Louis XIV. La flatterie lui donna le nom de GRAND; mais la postérité a rayé ce titre si peu mérité. Elle ne voit dans ce Prince qu'un despote sans principes, maitrisé par ses passions, vain, ambitieux, turbulent & souvent cruel.

Sous le dernier Regne que la foiblesse, l'inconséquence, les contradictions caractérisent, les Ministres ont érigé le Despotisme en Loi: Les Lettres de cachet, les vexations de tout genre ont été leurs moyens. Ils ont combattu avec opiniatreté les Loix du Royaume, & ont fini par disperser & proscrire tous leurs Ministres. Il est donc vrai de dire que la Bastille, les Châteaux-forts, les Exils ont été le grand mobile du Gouvernement du dernier Regne, comme des deux précédens.

Puisque la volonté arbitraire du Prince, ou plutôt de ceux qui regnent sous son nom, est mise à la place des Loix, la Bastille doit être plus remplie que jamais. Il est donc très important que l'on connoisse ce Château, son régime, sa police, les assauts que les Prisonniers ont à y souffrir, les questions, les surprises, les piéges, les violences auxquelles ils sont exposés. C'est pourquoi je présente au Public cet Ecrit important tel qu'il m'a été légué par son Auteur mort depuis quelque tems. Quant au PLAN, il l'avoit levé lui-même sur les lieux.

Dieu veuille rendre son travail inutile à mes Compatriotes, en inspirant au jeune Monarque l'horreur du Despotisme, & l'amour des Loix qui sont le garant de sa sureté, & de celle de la Nation.

REMARQUES

Historiques & Anecdotes sur le Château de la Bastille, & l'Inquisition de France.

A Bastille dans son commencement étoit l'entrée de Paris du côté du Faux-Bourg Saint Antoine. Elle ne consistoit que dans deux Tours. Hugues Aubriot (*a*) Prévôt de Paris chargé de la conduite de la nouvelle enceinte, & des fortifi-

---

(*a*) Hugues Aubriot né à Dijon de parens obscurs fut Prévôt de Paris, & Ministre des Finances sous Charles V. Il fit bâtir le pont anciennement appellé le *Grand Pont*, aujourd'hui le *Pont au Change*. Les murs de la porte Saint Antoine le long de la Seine, le *Pont Saint Michel*, & le *Petit-Chatelet* sont des monumens de son application au bien public. Ce dernier édifice fut élevé pour contenir la licence des suppots, & des étudians de l'Université. Aubriot fut le premier inventeur des canaux souterreins pour l'écoulement des eaux. Le Clergé réuni aux membres de l'Université conjura sa perte. Ils l'accuserent d'impiété & d'hérésie. Les Partisans de la maison d'Orléans opposée à celle de Bourgogne à laquelle il étoit attaché, se déclarerent contre lui. Il fut dabord enfermé à la Bastille qu'il venoit de bâtir. On le

En entrant par la barriere à droite font des appartemens où logent les Officiers fubalternes, & quelquefois même des Prifonniers moins refferrés que les autres. Près ce batiment eſt la *Tour de la Comté*, enfuite la *Tour du Tréfor*, ainſi nommée à caufe du dépôt d'argent que le Duc de Sully y avoit amaſſé pour le grand projet d'Henry IV. Après cette tour, vers le milieu de la cour eſt une arcade qui fervoit anciennement de porte à la Ville. On y a ménagé pluſieurs logemens. Enfuite eſt le corps de l'ancienne Chapelle où on a diſtribué pluſieurs chambres de Prifonniers. A l'encoignure de cette cour eſt la *Tour de la Chapelle*. Ces deux tours du Tréfor & de la Chapelle font les plus anciennes.

Des murs de 10. pieds d'épaiſſeur en pierres de taille, elevés à la hauteur des tours les réuniſſent, & font contigus à pluſieurs appartemens de Prifonniers pratiqués dans les entre-deux. Au fond de cette cour eſt un grand corps de logis moderne qui la fépare d'une plus petite que l'on nomme *Cour du Puits*. Au milieu de ce batiment, eſt un eſcalier de pierres de 5. marches que l'on monte pour arriver à la porte principale. On trouve enfuite l'eſcalier des appartemens d'enhaut, & une allée qui aboutit à la feconde cour. A droite eſt le veſtibule de la falle où les Miniſtres, Lieutenant de Police, ou Commiſſaires interrogent les Prifonniers. Cette piece eſt appellée *Salle du Confeil*. Les

Prisonniers y reçoivent ordinairement les visites des Etrangers. Il y a dans l'enfoncement une vaste piece qui sert de dépôt aux effets & papiers saisis aux Prisonniers.

Derriere la Salle du Conseil, sont des logemens d'Officiers subalternes, & de quelques Porte-Clefs.

A gauche, en entrant par le même escalier sont les cuisines, offices & laverie, qui ont de doubles issues dans la cour du puits. Il y a 3. Etages au dessus, chacun de 3 pieces. Le premier & le second servent pour les Prisonniers distingués ou malades.

Le Lieutenant de Roi a son appartement à droite, dans le haut de ce corps de logis, au dessus de la Salle du Conseil; le Major Loge au second, & le Chirurgien au troisième.

De l'autre côté de la grande cour, près les cuisines & la *Tour de la Liberté*, sont des appartemens de Prisonniers consistans chacun en une grande chambre, & un cabinet ayant vûe sur Paris. Les cachots de cette tour s'étendent sous les cuisines. Après cette tour, sont d'anciens appartemens où l'on a ménagé une petite Chapelle au rèz de chaussée. Il y a 5 niches ou cabinets fermés dans cette Chapelle, trois sont pratiqués dans les murs, les autres ne sont qu'en boiserie. On y met chaque Prisonnier seul à seul, pour entendre la Messe. Ils ne peuvent voir, ni être vûs. Les portes de ces niches sont garnies en dehors d'une serrure, & de deux verrouils; elles sont grillées en fer en dedans,

& ont des vitres du côté de la Chapelle, & par deffus, des rideaux que l'on tire au *Sanctus*, & que l'on referme à la derniere Oraifon. A 5. Prifonniers par Meffe, 10. feulement peuvent y affifter le même jour. S'il y en a un plus grand nombre au Chateau, ou ils ne vont point à la Meffe (c'eft affez la regle pour les Ecclésiaftiques, les Prifonniers à vie, & tous ceux qui ne demandent point à y aller), ou ils n'y vont qu'alternativement; parcequ'il y en a prefque toujours quelques-uns qui ont la permiffion d'y aller habituellement.

A côté de la Chapelle, en defcendant vers la barriére font la *Tour de la Bertaudiere*, & enfuite des appartemens pour l'Aide-Major, le Capitaine de porte, & quelques domeftiques, ou porte-clefs. Dans l'encoignure près la barriere eft la *Tour de la Baziniere*. Pour y parvenir, il faut paffer une petite cour ou veftibule qui communique au Corps de Garde par une porte double très forte. Tel eft l'ordre des 6. Tours & des batimens qui entourent la grande cour.

En fuivant l'allée du corps de logis qui fépare les deux cours, on parvient à la cour du Puits. En y entrant, on trouve à droite dans l'enfoncement la *Tour du Coin*. Entre celle-ci, & la tour du Puits, font d'anciens appartemens où logent les Cuifiniers, Marmitons, & Valets. Il y a auffi quelques chambres pour des Prifonniers, mais elles ne fervent que très rarement. La cour du Puits n'a que 25. pieds de longueur fur 50. de largeur. Il y a un grand puits pour l'ufage des cuifines. Les Cuifiniers jettent les ordures, & élévent de la volaille dans cette petite cour, ce qui la rend toujours mal propre & infecte.

La façade du Chateau en dehors préfente 4. tours vèrs Paris, & 4. vèrs le Faux-Bourg. Le deſſus de ces tours forme une platte-forme continuée en terraſſes folidement travaillées, & parfaitement entretenuës. Les Priſonniers qui en ont obtenu la permiſſion s'y promenent, mais toujours accompagnés de Gardes. Il y a 13. Pieces de Canon fur cette platte-forme. Elles fervent dans les jours folemnels ou de réjoüiſſances.

On voit fur le Plan que la *Tour du Puits* qui eſt du côté de la rüe des Tournelles eſt la premiere. En continuant le tour en dehors, on trouve entre la *Tour de la Baziniere* & celle de *la Comté*, l'entrée du Chateau, enfuite les autres tours en face du Faux-Bourg.

EXPLICATION du Plan.

A, Avenüe de *la Baſtille* par la Rüe Saint Antoine.
B, Entrée, & premier Pont-levis.
C, Hôtel du Gouvernement.
D, Premiere cour.
E, Avenüe qui conduit à la feconde cour.
F Portes de la feconde cour, & Pont-levis.

G, Les différens Corps-de Garde.
H, Grande cour au dedans des Tours.
I, Escalier qui conduit à la *Salle du Conseil*.
K, Salle du Conseil (ce batiment sépare les 2. cours intérieures).
L, Petite cour.
M, Chemin du Jardin.
N, Escalier du Jardin.
O, Jardin.
P, Fossés.
Q, Issüe qui conduit au *Jardin de* L'ARSENAL.

1. *Tour du Puits*,
2. *Tour de la Liberté*,
3. *Tour de la Bertaudiére*,
4. *Tour de la Bazinière*,
5. *Tour de la Comté*,
6. *Tour du Trésor*,
7. *Tour de la Chapelle*,
8. *Tour du Coin.*

Toutes les Tours sont fermées en bas par de fortes portes-doubles à gros verrouils rentrans dans des serrures énormes. Les Cachots du bas des tours sont remplis d'un limon qui exhale la plus mauvaise odeur. Ce sont des repaires de Crapauds, de Lézards, de Rats & d'Araignées (*b*). Il y a dans un coin

(*b*) C'est dans ces Cachots que le Tyran Louis XI. retenoit ceux qu'il vouloit faire périr par de longues misères, comme les Princes d'Armagnac,

un lit de Camp formé de barres de fer fcellées dans le mur, & de quelques planches fixées deſſus. On y met les Priſonniers que l'on veut effrayer, on leur donne quelques bottes de paille pour garnir leur lit. Deux portes de 7 pouces d'épaiſſeur chacune, appliquées l'une ſur l'autre ferment ces antres obſcurs : chacune a 2 gros verrouils & autant de ſerrures.

Toutes les chambres hautes ſont fermées avec les mêmes précautions. Il y en a 4 l'une ſur l'autre dans chaque tour, & une derniere en voute que l'on nomme la *Calotte*. Toutes les portes intérieures ſont couvertes de lames de fer de 2 ou 3. lignes d'épaiſſeur.

Il y a 5 ordres de chambres. Les plus horribles après les cachots ſont celles où il y

---

leſquels enterrés dans ces cachots, dans des trous en maſſonerie dont le fond étoit terminé en pain de ſucre, afin que les pieds n'y puſſent trouver d'aſſiette, & que le corps n'y pût prendre de repos, en étoient encore tirés deux fois la ſemaine, pour être fuſtigés ſous les yeux de Philippe l'Huillier Gouverneur de la Baſtille ; & de 3. mois en 3 mois pour ſe voir arracher une ou deux dents. L'ainé de ces Princes y devint fou ; mais le Cadet fût aſſez heureux pour en être délivré par la mort de Louis XI. & c'eſt de ſa Requête de l'an 1483, que l'on apprend la vérité de ces faits, qui ne pourroient être crus, ni même imaginés, ſans une preuve ſi conſtante. *Hiſt. de l'Ancien Gouvern. de la France par le Comte de Boulainvilliers*, Lettre 14. Tom. 3, pag. 226.

a des *Cages ou Cachots de fer* (*c*). Il y en a 3 de cette honnête espéce. Ces cages sont

(*c*) Le Comte de Boulainvilliers, page 224 du Volume dejà cité, dit qu'on ne sauroit affirmer que Louis XI. ait été l'Inventeur des Cages & Cachots de fer qui se voyent à la Bastille, & dans les Chateaux de Blois, de Bourges, d'Angers, de Loches, de Tours, du Mont-Saint Michel. L'Evêque de Verdun suivant Mezerai fut l'inventeur de ces cages. Il en avoit fait construire une au Chateau d'Angers où il fut le premier renfermé pendant 10. à 12 ans. Boulainvilliers dit, page 225, qu'il a vû de ses yeux au Chateau Duplessis-les-Tours le cachot de fer où le Cardinal de la Ballue (emprisonné vers 1430) fut renfermé pendant 11. annueés entieres par les ordres de Louis XI. Les murailles, les planchers, la porte, le guichet pour recevoir la nourriture, & vuider les immondices sont de plaques de fer attachées sur de grosses barres du même métal. Louis XI. en fit construire 2 au Chateau de Loches. Ludovic Sforce Duc de Milan ayant été pris le 10. Avril 1500. dans une Bataille contre Louis XII, fut conduit en France, & enfermé dans une des cages de fer du Chateau de Loches où il finit ses jours. *Observations Hist. & Crit.* relativement à l'Hist. de Charles VIII. dans le Recueil des Mémoires de l'Acad. des Inscript. pag. 238. in 4°.

Louis XII. lui-même etant encore Duc d'Orléans, fut fait prisonnier en 1488 à la Bataille de Saint Aubin-du Cormier en Bretagne. Après avoir été promené de prisons en prisons, il fut renfermé pendant 3. ans entiers dans le Chateau de Bourges & on le forçoit de coucher dans la cage de fer.

formées de poutrelles revêtues de fortes feuilles de fer. Elles ont 6 pieds de large sur 8, de long.

Le second ordre de chambres rigoureuses est les *Calottes*. Ces chambres les plus élevées des tours sont formées de 8. arcades en pierres de taille. On ne peut se promener qu'au milieu. Il y a à peine l'espace d'un lit d'une arcade à l'autre. La distance du bord intérieur de la fenêtre est de toute l'épaisseur du mur, qui est de 10. pieds environ. Il y a des grilles de fer à la hauteur des fenêtres en dedans de ces chambres, & des contre-grilles extérieures. Les Calottes sont peu éclairées. En Eté la chaleur y est excessive, en Hiver le froid insuportable. Il n'y a que des poëles dans les calottes (*d*).

(*d*) Le Comte de Boulainvilliers dit encore (Lettre XIV.) que la Bastille étoit destinée aux Prisonniers que l'on vouloit exterminer, ou par la forme apparente de la Justice, ou par le supplice des *Oubliettes* fort usité par *Tristan-l'hermite* Prévôt de l'Hôtel & Compere de Louis XI. Cet homme d'éxécrable mémoire étoit lui seul le Juge, le témoin & l'éxécuteur. Il faisoit passer les victimes que Louis XI. lui livroit sur une bascule d'où ils tomboient sur des roues armées de pointes & de tranchans; d'autres étoient noyés une pierre au cou, ou étouffés dans des cachots. Ce Tyran fit périr ainsi plus de quatre mille personnes (*Mézerai*, Abregé Chronol. T. 4, & *Commines*, Liv 6, Ch. 12.) Pendant le séjour que j'ai fait à la

Presque toutes les chambres des Tours font octogones, hautes de 14 à 15. pieds, & de 20. de diametre, les cheminées font fort élevées. Dans la plupart il y a 3. marches pour monter aux croisées. Toutes les fenêtres font grillées & contre-grillées en fer. Plufieurs ont une troifieme grille au milieu de lépaiffeur des murs. Les barres de ces grilles font de la groffeur du bras. Les chambres baffes n'ont de jour que fur les foffés. Les jours de celles qui font plus élevées, font obfcurs & lointains à caufe de l'éloignement du bord extérieur des fenêtres. Enfin les chambres les moins défagréables, ont des vûes fur la campagne, fur Paris, fur les Boulevars. Quoique les fenêtres de ces chambres foient grillées, & contre-grillées, cependant elles font affez éclairées, leurs ouvertures s'élargiffant dans leur intérieur.

Dans bien des cas, les grilles extérieures des fenêtres font masquées avec de la toile, ou bien on y établit des hottes en planches,

Baftille, je n'ai pu parvenir à voir la *Chambre des Oubliettes*; mais j'ai vû au Chateau de Ruel qui fut la maifon de plaifance du Cardinal de Richelieu, & qui appartient aujourd'hui à M. le Duc D'Aiguillon, un Cabinet qui conferve encore le nom de *Cabinet des Oubliettes*. Ce Miniftre cruel y faifoit paffer les perfonnes qu'il vouloit perdre. A peine y avoient-elles pofé le pied, qu'une bafcule faifoit entrouvrir le plancher fous leurs pas; & elles tomboient dans la profondeur d'un abîme.

de manière que le jour s'y plonge, & toute vûe est interdite au Prisonnier.

La plupart des chambres ont des cheminées, les autres des poëles ; il n'y en a point dans les cachots. Toutes les cheminées sont grillées en haut, barrées de fer en bas, & à plusieurs endroits dans leur longueur. Pour empêcher les communications, on a multiplié les précautions. Anciennement les Prisonniers conversoient par les cheminées, ou y montoient dans l'espérance de pouvoir s'échaper. Chaque tour a des latrines : elles sont grillées aux différens étages. Quelques appartemens en ont d'intérieures, les autres ont les supplémens ordinaires.

Toutes ces chambres sont mal closes, très froides, & très humides en hiver. Elles ont toutes leurs *numeros*. Elles portent le nom du dégré de leur élévation, comme leurs portes se présentent à droite & à gauche en montant. Ainsi la *premiere Baziniere* est la premiere chambre de la tour de ce nom, au dessus du cachot, puis la *seconde Baziniere*, la *troisiéme*, la *quatriéme*, & la *Calotte Baziniere*. De même tous les Prisonniers sont appellés du nom de leur tour joint au *numero* de leur chambre ; par cette raison, le *nom de Bastille* de tel Prisonnier est la *seconde Baziniere*, la *premiere Bertaudiere*, la *quatriéme Comté*, la *troisiéme du Trésor*, &c.

Les chambres ordinaires présentent 4 murailles nûes, mais sur lesquelles on lit les noms des Prisonniers qui y ont été renfermés, des vers, des devifes, des fentences &c. Un lit de ferge verte avec rideaux, paillaffe, & 3 matelats, 2 tables, 2 cruches d'eau, une fourchette de fer, une cuillere d'étain, & un gobelet de même métal, un chandelier de cuivre, des mouchettes de fer, un pot de chambre, 2 ou 3 chaifes, quelquefois un vieux fauteuil forment tout l'ameublement. Quelques chambres ont des chenets. On n'obtient que très rarement des pelles & des pincettes. On fournit à chaque Prifonnier une provifion d'allumettes, un briquet, des pierres à feu, de l'amadou, une chandelle chaque jour, un ballai chaque femaine, des draps de lit tous les 15 jours, & 4 ferviettes par femaine. On prend tous les 8 jours le linge des Prifonniers pour le blanchir.

Trois portes l'une fur l'autre font fermées fur chaque Prifonnier : le bruit des verrouils, des ferrures & des clefs eft effrayant. Un porte-clefs eft chargé de porter aux Prifonniers leurs repas, & va prendre leurs reftes qui font à fon profit.

La nouriture des Prifonniers eft reglée par un tarif fuivant leur qualité. Il y a des claffes de 50 Livres par jour (les Princes) de 30 L. de 20 L. de 10 L. de 5 L. & de 3 L. Les moindres font de 2 L. 10 fous ; c'eft le tau des valets ou gardes. Dans ces prix font compris le blanchiffage, & la chandelle ; le bois à bruler eft un article à part.

La cuifine eft fervie par un Chef qui eft

l'économe du Gouverneur. Il a sous lui, un rotisseur, un marmiton, un scieur de bois. Tous les plats sont mesquins, & mal préparés; c'est la mine d'or du Gouverneur qui augmente ses revenans-bons en raison de la mauvaise chere qu'il fait faire aux Prisonniers. Outre ces profits immenses, le Gouverneur a par jour 150 L. pour 15 places de Prisonniers supposés à 10 L. chaquun, sans préjudice du prix journalier par têtes de Prisonniers existans. Ces 150 L. sont un supplément de finance ou indemnité. Et on y ajoute encore très souvent des gratifications considérables.

En gras on a chaque jour une soupe, un bouilli, une entrée; en maigre, une soupe, un plat de poisson, & deux entrées. Le soir en gras une tranche de rôti, un ragoût, une salade; en maigre un plat d'œufs, un de légumes. Les variantes des cottes de 5 L. à 10 L. sont bien peu considérables. Elles consistent dans un demi poulet étique, un pigeon, un lapereau qui sent les choux, ou quelques oiseaux, & du déssert, dont chaque portion ne coûte pas 2 sous.

Le Dimanche à diner une soupe mauvaise, une tranche de vache bouillie que l'on appelle bœuf, & 4 petits pâtés, le soir une tranche de rôti, génisse, veau, ou mouton, un petit plat d'haricot où les os & les navets abondent, une salade. L'huile que l'on présente fait soulever le cœur: elle ne seroit bonne que pour les reverbéres. Les soupés en gras sont uniformes. Le Lundi, aulieudes 4 pâtés, c'eſt du haricot. Le Mardi à midi une fauciſſe, ou un demi pied de cochon, ou une légere cotelette de porc frais. Le Mercredi une petite tourte, cuite à demi, ou brulée. Le Jeudi deux minces cotelettes de mouton. Le Vendredi à diner, un demi carpeau frit, ou à l'etuvée, de la raye puante, de la morüe au beure & à la moutarde, ou quelque friture défféchée avec quelques légumes ou un plat d'œufs. A ſouper un plat d'œufs au beure roux ou à la tripe, & des épinars à l'eau, & au lait. Le Samedi eſt la répétition; & le cercle invariable recommence le Dimanche.

Les 3 jours de Saint Louis, de Saint Martin & des Rois, tous les Priſonniers ont une augmentation de portion qui conſiſte dans une moitié de poulet rôti ou un pigeon. Le Lundi gras on leur donne une petite tourte.

Chaque Priſonnier a une livre de pain, & une bouteille de vin par jour. Ce vin eſt plat & fort mauvais. Le deſſert eſt une pomme, un biſcuit, quelques amandes & raiſins ſecs, ſemés légerement ſur le fond d'une aſſiete, quelques cerifes, grofeilles ou prunes dans la ſaiſon. On eſt ſervi en étain ordinairement. Quelquefois on obtient d'êtreſervi en fayance, & avec des cuillere & fourchette d'argent. Si on ſe plaint de la mauvaiſe nourriture, cela change pour quelques jours, mais le plaignant éſſuye d'ailleurs des déſagréments. Il n'y a point de gargotte à 12 f. par repas où l'on ne ſoit mieux traité qu'à la Bastille. En général cette cuisine est très mauvaise, la soupe sans aucun suc, les viandes sont de la moindre qualité, & mal aprêtées. Tout ceci contribue fort à ruiner la santé des Prisonniers, cela crie vengeance devant Dieu, & devant les Hommes.

Les Officiers de l'Etat-Major n'ont aucune inspection sur la cuisine, cela regarde le Gouverneur seul. Quelques Prisonniers ont obtenu de la Police la permission de se faire servir par un traiteur du dehors, mais cela coute trois fois plus que dans la Ville.

Les Prisonniers ordinaires ont par jour en hiver 5 morceaux de long bois à bruler. Ceux qui sont recommandés en ont à discrétion. Plusieurs ont des gardes. La solde de ceux-ci est de 20 sous par jour, on les nourrit par outre.

Il n'y a que 4 Porte-clefs pour les 8 Tours. Leur nom de Porte-clefs vient de ce que pour une seule chambre il y a 5 grosses clefs. Le trousseau des clefs de tous les appartemens de châque tour est monstrueux.

Lors du service des repas, une sentinelle armée est au pied de chaque tour. Pendant les Messes une sentinelle est à la porte de la Chapelle. Elle n'y est posée qu'après l'entrée des Prisonniers, & est levée avant leur sortie.

L'Etat-Major consiste en un Gouverneur dont la place vaut, outre ses apointemens de la Cour, plus de quarante mille livres dont il fait son profit sur les vivres des Prisonniers; un Lieutenant de Roi dont le brevet est de soixante mille Livres, & qui en retire cinq mille Livres par an, un Major à 4000 L. d'apointemens, un Aide-Major à 1500 L. un Chirurgien à 1200 L. Celui-ci fait de grands profits fur les remedes dont le Roi fait les frais. Le Médecin eſt externe, il a ſon appartement au Chateau des Thuilleries.

Il n'y a pas plus de 30 ans que les choſes ſont ſur ce pied. Anciennement le Gouverneur & le Lieutenant de Roi étoient les ſeuls à la nomination du Roi. Les autres Officiers étoient nommés par le Gouverneur qui pouvoit les deſtituer à ſa volonté. Ils avoient ſous eux des Archers de Compagnies Franches, des bourgeois ſoldés par le Gouverneur pour la garde du Chateau. M. d'Argenſon leur fit ſubſtituer un Etat-Major, avec une Compagnie d'Invalides de cent hommes qui ont deux Capitaines, & un Lieutenant. Le ſimple Soldat eſt habillé, entretenu de linges, de ſouliers, de ſel, de chandelle, de bois, & a 10 ſ. par jour. Le ſervice eſt rude. Les Soldats ne peuvent découcher ſans permiſſion du Gouverneur. Pluſieurs l'obtiennent: les autres font le ſervice des abſens qui leur abandonnent la moitié de leur paye.

Aucun des Officiers ne peut diner dehors ſans permiſſion, & découcher ſans un congé ſigné du Miniſtre.

Pendant le jour, outre les 5 ſentinelles des portes, il y en a une à la porte extérieure du Chateau, pour écarter les curieux qui s'arrêteroient ſeulement à conſidérer cette entrée.

Le Major eſt chargé de la plume, il a la correſpondance & tout le détail. Il dreſſe tous les mois des comptes. Il en remet des doubles au Ministre dans le département duquel est la Ville de Paris, au Contrôleur-Général des Finances, & au Lieutenant-Général de Police. Ces comptes présentent le tableau du nombre, des noms de tous les Prisonniers, & le calcul des dépenses. Cet Officier reçoit l'argent du Controleur-Général, & fait les payemens. La dépense générale monte année commune à plus de cent mille livres.

Le Château est entouré d'un fossé large d'environ 120 pieds. Il n'y a d'eau dedans, que lors des grands débordemens de la Seine, & après les pluyes abondantes. Ce fossé est entouré d'un mur de 60 pieds d'élévation, contre lequel est attachée une gallerie de bois à rampe, laquelle regne dans tout le contour du fossé à l'opposite du Château. On l'appelle *les Rondes*. Deux escaliers placés à droite, & à gauche, en face du grand Corps de Garde conduisent à ces rondes. Des sentinelles y sont placées le jour, & la nuit. Elles se promenent sans cesse, & examinent si les Prisonniers font quelque tentative. Pendant la nuit, les Sentinelles sont posées sur ces rondes, au nombre de 4 à la fois. Les Officiers & Sergens font leur ronde tous les quarts d'heure, & s'assurent par les *qui vive*, si toutes les Sentinelles veillent. Chacune a son instant de ronde marqué. Toutes ont des pieces de cuivre numérotées, & trouées, qu'elles passent dans une aiguille dont la baze eſt adhérente au fond d'une boête cadenacée, telle que l'on en a dans les Villes de Guerre. Cette boête eſt portée tous les matins à l'Etat-Major: Les Officiers en font l'ouverture, vérifient l'ordre des pieces enfilées, & jugent de l'éxactitude, ou du défaut des rondes. On rend en même tems compte au Lieutenant de Roi, & au Major de tout ce qui a été vû, entendu, apperçu pendant la nuit. Tout ce qui ſe paſſe en dedans, ou en dehors eſt rapporté, & écrit exactement.

Le jour & la nuit, la Sentinelle intérieure du Chateau ſonne une cloche à toutes les heures, pour avertir qu'elle veille. Outre cette cloche, la nuit, on en ſonne une autre ſur les rondes à tous les quarts-d'heure. La Garde monte à 11 heures du matin. La retraite de la Garniſon ſonne à 9 heures du ſoir en Hiver, à 10 en Eté. Les ponts ſe lévent entre 10 & 11 heures du ſoir. Tout s'ouvre à quelque heure que ce ſoit, quand il y a des ordres du Roi.

Le Chapelain principal de la Baſtille eſt apointé à 1200 L. Il dit la Meſſe toujours à 9 heures du matin. Il y a 2 Soû-chapelains qui n'ont que 400 L. par an. Ils ne diſent la Meſſe que les Dimanches & Fêtes, l'un à 10 heures, l'autre entre midi, & une heure. Cette derniere Meſſe eſt proprement la Meſſe du Gouverneur. Les Priſonniers n'y vont point, à moins qu'ils ne ſoint privilégiés. Outre ces Chapelain & Soû-chapelains, il y a un Confesseur en titre qui a 900 L. par an. Les vieux domestiques retirés ont des pensions.

Ce Chateau peut contenir 40 Prisonniers dans des appartemens séparés. Quand ils sont en grand nombre, ils ont nécessairement moins de promenades. Il y a présentement 4 Prisonniers à vie. Ils sont devenus plus ou moins fous. L'un d'eux y est depuis l'affaire de *Damien* (1757).

Au dehors du Chateau, du côté du Faux-Bourg Saint Antoine, il y a un grand bastion dégagé du corps du Chateau. C'étoit anciennement un des boulevars de la primitive entrée de Paris. On y a planté des arbres, & fait un jardin. La porte du chemin qui y conduit, est entre la *tour du Trésor*, & celle de *la Comté*.

A la gauche de la Bastille est la porte Saint Antoine. Cette porte est flanquée d'un bastion parallele à celui qui sert de jardin au Chateau.

Le Lieutenant-Général de Police de Paris, est le subdélégué du Ministére au département de la Bastille. Il a sous lui un Commissaire en titre que l'on nomme le Commissaire de la Bastille. Celui-ci a des gages fixes pour faire ce que l'on appelle *les instructions*, mais il ne les fait point exclusivement : il n'a aucune inspection, ni fonction, que dans les cas où il reçoit des Ordres, la raison en est que tout ce qui se fait dans ce Chateau est arbitraire.

En arrivant à la Baftille, chaque Prifonnier eft inventorié. On examine fes malles, habits, linges, poches, pour voir s'il n'y a pas de papiers relatifs à l'objet de fa détention. On ne fouille pas ordinairement les perfonnes d'un certain rang, mais on leur demande leurs couteaux, rafoirs, cizeaux, montres, cannes, bijoux & argent. Après cet examen on conduit le Prifonnier dans un appartement où il eft renfermé fous 3 portes. Ceux qui n'ont point de domeftique, font eux-même leur lit & leur feu. On dine à 11 heures, on foupe à 6.

Dans les premiers tems, on n'a ni livres, ni encre, ni papier: on ne va ni à la Meffe, ni à la promenade: on n'a permiffion d'écrire à qui que ce foit, pas même au Lieutenant de Police dont tout dépend, & à qui il faut la faire demander par le Major qui s'y prête ordinairement. On ne va d'abord à la Meffe que de deux Dimanches l'un. Quand on a pu obtenir la permiffion d'écrire au Lieutenant de Police, on peut lui demander celle d'écrire à fa Famille, d'en recevoir des réponfes, d'avoir avec foi fon domeftique, ou un garde, &c. Il refufe ou accorde fuivant les circonftances. On ne peut rien obtenir que par ce canal.

Les Officiers de l'Etat-Major fe chargent de faire parvenir les lettres des Prifonniers à la Police. Elles y font envoyées exactement à midi & le foir. A quelque heure que ce foit, fi on le demande, ces lettres font portées par des exprès que l'on paye de l'argent des détenus. Les réponses sont toujours adressées au Major, il les communique au Prisonnier. Si on a omis de lui parler de quelque objet de la lettre du Prisonnier, c'est un refus. Les gardes que l'on donne à ceux aux quels on refuse leurs domestiques, ou qui n'en ont point, sont des Soldats Invalides ordinairement. Ces gens couchent auprès des Prisonniers, & les servent. Il faut toujours être en défiance avec ces hommes, ainsi qu'avec les Porte-clefs, parceque toutes les paroles sont recueillies, & rendues aux Officiers qui les reportent à la Police : c'est ainsi que l'on étudie le caractére des Prisonniers. Tout est dans ce Chateau, mystere, ruse, artifice, piege, espionnage. Souvent des Officiers, des Gardes, des Porte-clefs, des Valets tachent d'induire un Prisonnier à parler mal du Gouvernement, & rendent compte de tout.

On obtient quelquefois d'avoir des livres, sa montre, son couteau, ses rasoirs, & même de l'encre, & du papier blanc. On peut demander à voir le Lieutenant de Police quand il vient à la Bastille. Ordinairement il fait descendre les Prisonniers quelques jours, après-leur arrivée. Quelquesfois il va les visiter dans leurs chambres, surtout les Dames.

Lorsque le Lieutenant de Police voit un Prisonnier, la conversation roule sur l'objet de sa détention. Il lui demande quelquefois des déclarations écrites & signées. En général on doit mettre autant de circonspection dans ces converfations que dans son interrogatoire même, puisque rien de tout ce qui peut être dit ou écrit n'eſt oublié.

Quand on veut faire parvenir quelque chose au Lieutenant de Police, c'eſt toujours par le Major. On peut écrire à cet Officier des billets par le Porte-clefs. On n'eſt jamais prévenu ſur rien, il faut tout demander, même la permiſſion de ſe faire raſer. C'eſt le Chirurgien qui fait les barbes. Il fournit aux Priſonniers malades ou indiſpoſés ſucre, caffé, thé, chocolat, confitures & les remedes néceſſaires.

La promenade eſt d'une heure par jour, quelquefois d'une heure le matin, & d'une heure le ſoir dans la grande cour.

Un Priſonnier peut être interrogé peu de jours après ſon entrée à la Baſtille, ſouvent il ne l'eſt qu'au bout de pluſieurs ſemaines. Quelquefois on l'avertit du jour où il doit être interrogé, ſouvent il ne l'apprend qu'au moment où on le fait descendre à la Salle du Conſeil. C'eſt le Lieutenant de Police, un Conſeiller d'Etat, un Maitre des Requêtes, un Conſeiller ou un Commiſſaire du Châtelet qui remplit cette Commiſſion. Quand le Lieutenant de Police n'interroge pas lui-même, il vient ordinairement à la fin de l'Interrogatoire.

Ces

Ces Commissaires sont des êtres purement passifs. Souvent ils tâchent d'effrayer un Prisonnier; ils lui tendent des piéges, employent toutes les ressources des rusés les plus basses pour lui arracher des aveux. Ils supposent des preuves, représentent des papiers, sans permettre de les lire, soutenant que ce sont des pieces de conviction invincibles. Leurs interrogats sont toujours vagues. Ils roulent non seulement sur les paroles & les actions du Prisonnier, mais sur ses pensées les plus secrettes, sur ses paroles, & la conduite des personnes de sa connoissance que l'on veut compromettre.

Ceux qui interrogent, disent à un Prisonnier qu'il y va de sa tête, que de lui dépend en ce jour sa vie, ou sa mort; que s'il veut tout déclarer de bonne foi, ils sont autorisés à lui promettre un élargissement prompt, que s'il refuse d'avouer, il va être livré à une Commission extraordinaire; que l'on a des pieces décisives, des preuves acquises, plus qu'il n'en faut pour le perdre; que ses complices ont tout découvert; que le Gouvernement a des ressources inconnues, dont il ne peut se douter. Ils fatiguent les Prisonniers par des Interrogatoires variés & multipliés à l'infini. Suivant les personnes, ils employent les promesses, les caresses, les menaces, d'autresfois ils insultent les détenus, & les outragent avec une insolence qui met le comble à la tyrannie dont ils sont les vils instrumens.

B

Si le Prisonnier fait les aveus exigés, les Commissaires lui déclarent alors, que pour son élargissement, ils n'ont pas d'autorisation précise, mais qu'ils ont tout lieu de l'espérer, qu'ils vont la solliciter, &c.... Les aveux du Prisonnier, loin de rendre son sort meilleur, donnent lieu à de nouveaux interrogatoires, prolongent souvent sa détention, compromettent les personnes avec lesquelles il a eu des relations, & l'exposent lui-même à de nouveaux tourmens.

Dans certains cas, ce sont des Commissaires du Parlement qui font les *Instructions*. Ceux-ci tiennent leurs séances à l'Hôtel du Gouvernement ou à l'Arsenal. Ils n'entrent jamais dans l'intérieur de la Bastille. La différence que le Ministere met entre eux & les membres du Conseil, ou du Châtelet, est que ceux-ci sont *Royalistes*, & les autres *marlementaires*. Or on n'admet que les premiers dans cette enceinte, on ne veut pas que les autres y mettent le pied.

Les Prisonniers ne reçoivent jamais aucune visite du dehors avant l'instruction consommée. Pour obtenir cette faveur après les interrogatoires, il faut la demander avec instance & persévérance, & que des amis puissans la sollicitent au dehors. On peut demander une prolongation de promenade, à se promener sur les Tours, au Jardin, à lire les Gazettes & Journaux, à être réuni aux personnes de sa connoissance, s'il y en a, à manger, & à se promener ensemble. Pour tout cecy, il faut écrire au Lieutenant de Police & au Gouverneur. Plusieurs personnes détenues pour l'Affaire du Canada eurent la liberté de se voir. Lors des promenades au Jardin ou sur les tours les Prisonniers sont toujours accompagnés de bas Officiers Invalides. Les Officiers même de l'Etat-Major accompagnent souvent ceux qui sont d'un certain état. En Hiver, ils les font entrer dans la Salle où ils se tiennent ordinairement, quelquefois il les visitent dans leurs chambres. Le Gouverneur visite aussi les Prisonniers, surtout lorsqu'ils lui sont recommandés. Les conversations avec tous ces Officiers, doivent toujours être très circonspectes, parceque tout est observé & dénoncé.

On prend de grandes précautions pour que les Prisonniers ne s'apperçoivent ni se rencontrent, & qu'ils ne soient point vûs par les Etrangers qui sont admis à en visiter quelqu'un. Si pendant la promenade dans la cour quelque personne vient à passer, on fait entrer le Prisonnier dans un des cabinets pratiqués au rez de chaussée de la Cour, & on ne l'en fait sortir qu'après que les passans sont retirés. Les Prisonniers sont toujours sous les verrouils pendant tout le tems qu'ils passent dans leurs chambres. Les portes s'ouvrent seulement aux heures de la Messe, des promenades, ou des visites, & on les re-

B 2

ferme auſſitôt après.

Pour viſiter un Priſonnier, il faut avoir une permiſſion écrite du Lieutenant de Police. Elle eſt ordinairement dans une lettre addreſſante au Lieutenant de Roi, ou au Major. Le nombre & la durée des viſites y eſt toujours fixé. Ces viſites ſont toujours reçues en préſence des Officiers ou Porte-clefs, afin que les Priſonniers ne diſent & n'apprennent rien d'intéreſſant. Le viſitant eſt d'un côté de la chambre, le viſité de l'autre, & l'Officier ou Porte-clefs écoutant eſt au milieu. C'eſt la regle invariable. Il n'eſt jamais permis de parler des motifs de la détention du Priſonnier, ni de tout ce qui pourroit y avoir quelque rapport.

Pour qu'un Priſonnier reçût des viſites, ſans témoins, il faudroit une permiſſion du Miniſtre, & du Lieutenant de Police, ce que l'on n'obtient presque jamais. Les Officiers de l'Etat-Major ſont entierement ſubordonnés; ils ne peuvent rien accorder aux Priſonniers, ſans une autoriſation expreſſe du Miniſtre par le Lieutenant de Police. Tous les jours le Major rend compte par écrit au Lieutenant de Police de l'Etat des Priſonniers, des viſites qu'ils ont reçu, de tout ce qui a été dit, entendu, ou fait d'important au Château.

Quoique tout ſoit réglé, tout eſt cependant ſujet aux exceptions du crédit, des recommandations, de la protection, de l'intrigue &c. &c. &c. parceque le premier principe dans ce Château eſt la volonté arbitraire. Très ſouvent des perſonnes détenues pour le même objet ſont traitées très differemment en raiſon des recommandations plus ou moins conſidérables.

Il y a une Bibliothéque fondée par un Priſonnier étranger mort à la Baſtille au commencement du Siecle préſent. Quelques Priſonniers obtiennent la permiſſion d'y aller, d'autres, qu'on leur porte des livres dans leurs chambres.

On leur débite les choſes les plus fauſſes en affectant un air de vérité & d'interêt. ,, Il eſt bien malheureux que le
,, Roi ait été prévenu contre vous. S. M.
,, ne peut entendre prononcer votre nom, ſans
,, entrer en courroux. L'affaire pour laquel-
,, le on vous a ravi vôtre liberté, n'a été
,, qu'un prétexte, on vous en vouloit anté-
,, rieurement, vous avez de puiſſans enne-
,, mis....." tels ſont les propos d'étiquette.

Inutilement un Priſonnier demande-t'il à écrire au Roi, il ne l'obtient jamais.

Le tourment perpétuel & le plus inſupportable de cette Inquiſition cruelle & odieuſe, ſont les promeſſes vagues, indéfinies, fauſſes ou équivoques, les eſpérances intariſſables & perſéveramment trompées d'une liberté prochaine, les exhortations à la patience, les conjectures à perte de vüe, dont le Lieutenant de Police & les Officiers ſont très prodigues. B 3

Pour couvrir l'odieux des barbaries qui s'exercent, & rallentir le zèle des parents, ou des protecteurs qui follicitent, on débite fouvent contre le Prifonnier les calomnies les plus abfurdes, les plus contradictoires. On déguife les vrais motifs de la détention, on cache les obftacles réels. Ces reffources qui varient à l'infini font intariffables.

Il y a une grande piéce remplie d'armoires très vaftes, diftribuées par cafes, étiquettées des *numéros* de tous les appartemens du Château. Les effets de chaque Prifonnier font dépofés dans la cafe correfpondante au *numéro* de fa chambre.

Lors de l'arrivée de chaque Prifonnier, on infcrit fur un Livre fes nom & qualité, le *numéro* de l'appartement qu'il va occuper, & la lifte de fes effets dépofés dans la cafe du même *numéro*. On préfente enfuite ce livre au Prifonnier pour qu'il le figne.

Le Livre de fortie contient un protocole de ferment & proteftation de foumiffion, de refpect, de fidelité, d'amour, de *reconnoiffance* pour le Roi, d'affurance que les faits qui ont compromis le Prifonnier ont été l'effet de l'erreur feule de l'efprit, d'action de graces de ce que S. M. ne l'a pas livré à des *Commiffaires extraordinaires*, de promeffe de ne rien réveler de tout ce qu'il a vû & entendu pendant le féjour qu'il a fait dans la Baftille. Ce protocole que tout Prifonnier eft obligé de figner avant fa fortie, contient encore le reçu des bijoux, argent, & autres effets.

Un troisième Livre en feuilles contient les noms de tous les Prisonniers, & le tarif de leur dépense. Le relevé de ce livre passe tous les mois sous les yeux du Ministre.

Le Regiſtre du détail de la dépense journalière n'eſt que pour le Gouverneur, & le Chef de cuiſine ſon œconome: le Major n'y a aucune inſpection.

Enfin le quatrième Livre eſt un in-folio immense, ou plutôt une ſuite de cahiers qui augmente journellement. Ces cahiers ſont contenus dans un très grand carton ou portefeuilles en maroquin fermant à clef, lequel eſt encore renfermé dans un double carton. Ces feuilles diſtribuées en colonnes, portent des titres imprimés à chacune.

Iᵉ. Colonne, *Noms & qualités des Priſonniers*.

IIᵉ. Col. *Dates des jours d'arrivée des Priſonniers au Château*.

IIIᵉ. Col. *Noms des Sécrétaires d'Etat qui ont expédié les ordres*.

IVᵉ. Col. *Dates de la sortie des Prisonniers*.

Vᵉ. Col. *Noms des Sécrétaires d'Etat qui ont signé les ordres d'élargiſſement*.

VIᵉ. Col. *Cauſes de la détention des Priſonniers*.

VIIᵉ. Col. *Obſervations & Remarques*.

Le Major remplit la sixième Colonne suivant les indications qu'il peut avoir, & le Lieutenant de Police lui donne des instructions quand il veut, & comme il veut. La septième colonne contient l'Historique des faits, gestes, caracteres, vie, mœurs & fin des Prisonniers.

Ces deux colonnes sont des especes de mémoires secrets, dont l'essence, & la vérité dépendent du jugement droit, ou faux, de la volonté bonne, ou mauvaise du Major & du Commissaire du Roi. Plusieurs Prisonniers n'ont aucune note sur ces deux dernieres colonnes.

Ce livre est de l'invention du Sieur *Chevalier* Major actuel, qui a été chargé d'écrire l'Histoire secrette de ce Château depuis son origine. Il a remonté jusqu'aux découvertes qu'il a pu faire dans le dépôt des Archives. Quand une feuille est remplie, elle entre dans ce dépôt, où tout est conservé pour la Postérité. Il y a un Archiviste apointé.

On réunit encore en registre tous les Ordres à jamais donnés & adressés au Gouverneur de la Bastille, toutes les Lettres des Ministres & de la Police; tout est recueilli soigneusement, & se retrouve au besoin.

Aussitôt que quelque Prisonnier est conduit à la Bastille, le Ministre qui a signé l'ordre & le Commissaire du Roi sont informés par le Major de son arrivée. Dans plusieurs cas cet Officier est prévenu de l'arrivée tivée des Prisonniers. Souvent une lettre particuliere du Commissaire du Roi délivre un Prisonnier par anticipation, & il remet ensuite l'ordre du Roi au Major qui lui rend exactement sa lettre.

Quand un Prisonnier connu & protégé a absolument perdu la santé, & que l'on craint pour ses jours, on ne manque pas de le faire sortir. Le Ministére n'aime pas que les gens connus meurent à la Bastille. (*) Si un Prisonnier meurt, on le fait inhumer à la Paroisse de Saint Paul, sous le nom d'un domestique, & ce mensonge est écrit sur le regiftre mortuaire, pour tromper la Postérité. Il y a un autre regiftre où le nom véritable des morts est inscrit; mais ce n'est qu'après bien des difficultés que l'on parvient à s'en faire délivrer des extraits. Il faut auparavant que le Commissaire de la Bastille soit informé de l'usage que les familles veulent faire de ces actes.

Il y a dans ce Chateau de vaftes magazins que l'on appelle les dépôts. C'est-là que l'on renferme les Livres saisis, ou dont le débit est arrêté.

Lorsque le Commissaire du Roi (Lieutenant de Police) ou un Ministre entre dans le Château de la Bastille, la Garde se présente en haye à son passage, fait le salut, & les grandes portes s'ouvrent. Le même cérémonial s'observe pour les Maréchaux de

(*) Quelques Prisonniers ont péri à la Bastille par des voïes secrettes, mais ces Exemples sont rares.

France. Ceux-ci peuvent feuls entrer dans le Château avec leur épée. Les Ducs & Pairs ont prétendu avoir droit à la même diſtinction. Le *Mémoire des Préſidens à Mortier du Parlement de Paris* préſenté au Duc d'Orléans Régent du Royaume en 1717, en fait mention.

Il n'entre de voitures dans l'intérieur du Château que celles qui y conduiſent des Priſonniers, ou qui en enlèvent pour les transférer dans d'autres Châteaux ou Priſons.

M. de Renneville (*e*) détenu à la Baſtille pendant onze ans & un mois, en ſortit le 16 Juin 1713, & ſe retira en Angleterre où

(*e*) René-Auguſte Conſtantin-de Renneville, le plus jeune de 12 Freres tous Militaires, dont ſept avoient été tués dans des combats pour la Patrie, étoit né à Caën d'une Famille diſtinguée originaire de la Province d'Anjou. Après avoir ſervi en qualité d'Officier, il fut envoyé dans pluſieurs Cours étrangeres pour négocier des Affaires importantes. De retour en France, il fut premier-Commis de M. de Chamillard. Des Ennemis ſecrets parvinrent à le rendre ſuſpect, & il fut renfermé à la Baſtille. Quoique l'on ne trouvât aucune charge contre lui, il fut cependant détenu pendant onze ans & un mois (depuis le 16 Mai 1702, juſqu'au 16 Juin 1713). Il aſſure qu'il ne put jamais découvrir les motifs de ſa détention. A ſon arrivée au Chateau, il fut renfermé dans la premiere chambre de la *Tour du Coin*, où *Henry de Montmorency Duc de Luxembourg*, les Maréchaux de *Biron*, & de *Baſſompierre* avoient il compofa deux Volumes intitulés, *l'Inquifition Françoife, ou Hiftoire de la Baftille*. Il dédia fon livre au Roi d'Angleterre Georges I. Ces 2 Volumes furent imprimés in 12 à *Amfterdam* chez *Etienne Roger* en 1715, & traduits en Anglois & en Flamand. Cet Ouvrage intèreffant eft devenu très rare. Il contient l'Hiftoire des différens Prifonniers que M. de Renneville eut occafion de connoitre, pendant le long féjour qu'il fit dans ce Château. Les defcriptions qu'il donne des lieux font conformes aux détails que l'on vient de lire: mais le régime de cette horrible inquifition a changé depuis le commencement du Siecle.

ANECDOTES.

I. Charles de *Gontault Duc de Biron* Pair, Amiral, & Maréchal de France, Gouverneur de Breft, quoique comblé des faveurs d'Henry IV. traita avec les Ennemis de l'Etat (les Espagnols & le Duc de Savoye) qui le flatterent de lui donner en Souveraineté le Duché de Bourgogne, & la Franche-Comté pour dot d'une fille du Roi d'Espagne ou du

été détenus. C'eft dans cette même chambre que M. *le Maitre-de Saci* mis à la Baftille le 14 Mai, 1666 (où il fut détenu pendant 2 ans) avoit fait la plus grande partie de fa verfion de la Bible. M. de Renneville cultivoit les belles-Lettres & la Poëfie. Son Hiftoire eft parfemée de fragmens que les meilleurs Poëtes de fon tems ne défavoueroient pas.

Duc de Savoye qu'ils promettoient de lui donner en mariage. Henry IV. ayant découvert le complot en parla à Biron qui nia son crime avec obſtination. Le Parlement de Paris inſtruiſit ſon procez. Il ſe trouva convaincu du crime de haute trahiſon contre la Patrie & ſon Chef, & fut condamné par Arrêt du 29 Juillet 1602 à avoir la tête tranchée, ce qui fut exécuté le 31 du même mois dans la cour intérieure de la Baſtille. Les crocs de fer qui retenoient ſon échafaud, ſont encore dans les murs: Les choſes furent diſpoſées de maniere que de ſa chambre il y paſſa de plein pied. Il n'étoit âgé que de 40 ans. Son corps fut inhumé à la Paroiſſe de Saint Paul. Il y a des copies Manuſcrites du *Procès de Charles de Gontault Duc de Biron*, à la Bibliothèque Royale, à celles de Saint Germain-des Prés, & de la Ville de Paris.

II. François de *Baſſompierre* Maréchal de France né le 2. Avril 1579, ſe ſignala toujours par ſa bonne conduite, & par ſon courage. Sa haute réputation faiſant ombrage au Cardinal de Richelieu, ce Miniſtre, le fit renfermer à la Baſtille le 25 Fevrier 1631. Baſſompierre ne recouvra ſa liberté que le 19. Janvier 1643, au bout de 12 ans, après la mort de ſon ennemi. Il compoſa ſes *Mémoires* dans ſa Priſon, & mourut en 1646.

III. En 1674, le bagage de *Louis* Chevalier *de Rohan* Grand-Veneur de France ayant été pris & fouillé dans une escarmouche à l'armée, on y trouva des Lettres qui firent soupçonner qu'il avoit fait un traité pour livrer le Havre-de Grace aux Anglois. Il fut arrêté & mis à la Bastille. Le Sieur de la Tuanderie son entremetteur se cacha. Les preuves n'étoient pas suffisantes. On nomma une Commission pour instrumenter contre l'accusé de trahison. La Tuanderie fut découvert à Rouen : on alla pour l'arrêter; mais il fit feu sur les assaillans, & se fit tuer sur la place. Des gens attachés au Chevalier de Rohan alloient tous les soirs autour de la Bastille corner dans des porte-voix, *la Tuanderie est mort, & n'a rien dit*; ils ne furent point entendus du Chevalier. Les Commissaires ne pouvant rien tirer de lui, lui dirent que ,, le Roi savoit tout, qu'ils ,, avoient des preuves, mais que l'on vou- ,, loit seulement son aveu, & *qu'ils étoient* ,, *autorisés à lui promettre sa grace, s'il décla-* ,, *roit la vérité.*" Le Chevalier trop crédule avoüa tout. Alors les perfides Commissaires changérent de langage. Ils lui dirent que *pour la grace, ils ne pouvoient en répondre, mais qu'ils avoient seulement espérance de l'obtenir & qu'ils alloient la solliciter.* Ils s'en mirent peu en peine, & condamnérent le Chevalier à perdre la tête. On le conduisit de plein pied à l'échafaud par une gallerie dressée à la hauteur de la fenêtre de la Salle

B 7

d'armes de l'Arſenal qui donne ſur la petite place, au bout de la Rüe des Tournelles. Il fût décollé le 27. Novembre 1674. Son Procez eſt à la Bibliot. Royale. On peut voir les Mém. du Marquis de Beauveau. Colog. 1688, p. 407.

IV. Les Jeſuites du College de Clermont ſitué rüe Saint Jacques à Paris, ayant, cette même année (1674), invité le Roi Louis XIV. à honorer de ſa préſence une Tragédie que leurs écoliers devoient repréſenter, ce Prince s'y rendit. Ces habiles courtiſans avoient eu ſoin d'inſérer dans la piece pluſieurs traits de flatterie dont le Monarque avide d'encens fut très ſatisfait. Lorsque le Recteur du College reconduiſoit le Roi, un Seigneur de ſa ſuite loua le ſuccès de la Tragedie. Louis XIV. dit,, faut-il s'en étonner, *c'eſt mon College?* " Les Jeſuites ne laiſſerent pas tomber ce mot. La nuit même, ils firent graver en grandes lettres d'or ſur un marbre noir, *Collegium Ludovici Magni*, & le ſubſtituérent à l'ancienne inſcription qui étoit placée au deſſous du nom de Jéſus ſur la porte principale du Collegé (*Collegium Claromontanum Societatis Jeſus*). Et le matin la nouvelle inſcription fut miſe à la place de l'ancienne. Un jeune Ecolier de qualité, âgé de 13 ans, témoin du zèle des R. P. fit les 2. vers ſuivans qu'il afficha le ſoir à la porte du College.

Abſtulit hinc Jeſum, poſuitque inſignia Regis
  Impia gens: alium non colit illa Deum.

Les Jéſuites ne manquerent pas de crier au

sacrilège; l'Auteur enfant fut découvert, enlevé & enfermé à la Bastille. L'implacable Société le fit condamner, *par grace*, à une prison perpétuelle, & il fut transféré à la Citadelle de l'Isle sainte Marguerite. Plusieurs années après, il fut ramené à la Bastille. En 1705, il étoit Prisonnier depuis 31 ans. Etant devenu héritier de toute la Famille qui possedoit de grands biens, le Jésuite *Riquelet* alors Confesseur de la Bastille, remontra à ses confrères la nécessité de rendre la liberté à ce Prisonnier. La pluye d'or qui avoit forcé la Tour de Danaë eut le même effet sur le Château de la Bastille. Les Jésuites se firent un mérite auprès du Prisonnier de la protection qu'ils lui accordèrent; & cet homme considérable dont la Famille alloit s'éteindre sans le secours de la Société ne manqua pas de lui donner des preuves étendues de sa reconnoissance. (Préface de M. de Renneville, Tom. 1. Pag. 46—48.

V. Le fameux Prisonnier de la Bastille connu sous le nom de *l'Homme au masque de fer*, étoit dans la chambre dite la troisième Bertaudière. On ne lui refusoit rien de tout ce qu'il demandoit, on lui faisoit la plus grande chere, & le Gouverneur ne s'asseyoit jamais devant lui. On l'obligeoit de porter toujours un masque de fer, & il lui étoit déffendu sous peine de la vie, de se faire connoître. Ces circonstances ont donné lieu à diverses conjectures. L'Auteur des *Mémoires secrets pour servir à l'Histoire de Perse* prétend que le Comte de Vermandois Fils naturel & bien-aimé de Louis XIV. & de Madmoiselle de la Valliere, à peu près du même âge que le Dauphin, mais d'un caractère fort opposé au sien, s'étoit oublié un jour au point de lui donner un soufflet; que cette action ayant éclaté, Louis XIV. l'envoya à l'Armée, & donna ordre à un confident intime de faire semer peu après son arrivée le bruit qu'il étoit attaqué de la peste, afin d'éloigner tout le monde de lui, de le faire ensuite passer pour mort, & tandis qu'aux yeux de toute l'Armée on lui feroit des obséques splendides, de le conduire en grand secret à la Citadelle de l'Isle Sainte Marguerite, ce qui fut exécuté; que le Comte de Vermandois ne sortit de cette Citadelle que pour être transféré au Château de la Bastille (en 1700), lorsque Louis XIV. en donna le Gouvernement au Commandant de cette Isle nommé *Saint Mars*, en reconnoissance de sa fidelité. Le même Auteur ajoûte, que le Comte de Vermandois s'avisa un jour de graver son nom sur le fond d'une assiette avec la pointe d'un couteau; qu'un domestique ayant fait cette découverte, crut faire sa cour en portant cette assiette au Commandant, & se procurer une récompense; mais que ce malheureux fut trompé; & que l'on se défit de lui sur le champ, afin d'empêcher que le secret fut divulgué. Quoique ces *Mémoires secrets* eussent été publiés 9. ans auparavant la premiere Edition de *l'Histoire du Siecle de Louis XIV*. comme l'observe M. Clément, dans *Les cinq Années Littéraires* (Lettre XCIX, du 1e. Mai 1752. Tom. 2.), M. de Voltaire a avancé que tous les Historiens qui ont écrit avant lui, ignoroient ce fait. Il le raconte un peu différemment, sans nommer le Comte de Vermandois. Il dit que le Marquis de Louvois étant allé voir ce Prisonnier inconnu, à l'Isle Sainte Marguerite, lui parla toujours debout, & avec une considération qui tenoit du respect; qu'il mourut en 1704. à la Bastille, & fut enterré la nuit à la Paroisse de S. Paul. L'Auteur des Philippiques (M. de *la Grange-Chancel*) dans sa *Lettre à M. Fréron*, prétend que ce Prisonnier étoit le Duc de Beaufort que l'on disoit avoir été tué au siége de Candie, & dont on ne put trouver le corps. Il donne pour raison de la détention de ce Duc, son esprit remuant, la part qu'il avoit eu aux mouvemens de Paris du tems de *la Fronde*, & son opposition, comme Amiral, aux desseins du Ministre Colbert chargé du département de la Marine. M. *Poullain-de Saintfoy* combat toutes ces opinions sur l'Homme au masque de fer. Il recule encore l'époque de la détention de ce Prisonnier à la Citadelle de l'Isle Sainte Marguerite fixée par M. de Voltaire à 1661.

par M. de la Grange-Chancel à 1669, &
par l'Auteur des *Mémoires Secrets* à la fin de
1683 : M. de Saintfoy assure que ce Prisonnier inconnu étoit *le Duc de Monmouth* Fils
de Charles II. Roi d'Angleterre, & de Lucie Walters ; qu'il s'étoit formé un parti dans
le Comté de Dorset où il avoit été proclamé Roi, qu'ayant attaqué l'Armée Royale il
fut défait, pris, & conduit à Londres, où
il fut renfermé à la Tour, & condamné à être
décapité le 15. Juillet 1685. M. de Saintfoy ajoûte que le bruit courut dans les tems
qu'un Officier de l'Armée du Duc de Monmouth qui lui ressembloit singulierement,
fait Prisonnier avec lui, eut le courage de
mourir à sa place. Il cite *M. Hume*, & le
livre des *Amours de Charles II & Jacques II
Rois d'Angleterre* ; & il observe, pour accréditer son opinion, que Jacques II, pouvant
craindre quelque révolution qui rendît la liberté au Duc de Monmouth, pensa que quoiqu'il lui accordât la vie, il seroit sans inquiétude en le faisant passer en France. Le Jésuite Henry Griffet qui a été pendant longtems Confesseur (*f*) des Prisonniers de la Ba-

───────────────

(*f*) Les Jésuites devenus Confesseurs des Rois,
ne manquerent pas de placer un d'entre eux dans
le poste de Confesseur de la Bastille. Cette place
peu importante dans d'autres mains étoit dans les
leur un moyen de faire des découvertes qui entroient dans les vûes profondes de leur politique
infernale. Aussi étoit-elle devenüe héréditaire
dans la Société.

stille, qui avoit feuilleté tous les papiers les plus secrets des Archives de ce Chateau & qui avoit sans doute vû le Régistre mortuaire qui existe dans ce dépôt, a fait une *Dissertation* très solide sur ce Problême Historique. Ce Jésuite n'atteste pas que *l'Homme au masque de fer* fût le *Comte de Vermandois*, mais il rassemble bien des raisons & des probabilités en faveur de cette opinion; & il semble que sur cette matiere le suffrage du P. Griffet doit être d'un grand poids.

VI. Le dépôt de la Bastille contient plusieurs malles de Papiers de feu M. le Duc de *Vendôme* (g) qui concernent son Histoire, & celle des Guerres d'Espagne, d'Italie & de Flandres. Ces papiers furent saisis sur son Fils naturel qui étoit son légataire lequel etant soupçonné d'avoir composé la Brochu-

―――――――――――――――

(g) Louis-Joseph Duc de Vendôme, de Mercœur, d'Etampes & de Penthievre, Général des Galeres, Grand-Sénéschal, & Gouverneur de Provence, né le 30. Juillet 1654, fut Vice-Roi, & Généralissime des Armées de Catalogne & d'Espagne depuis 1685, jusqu'au commencement de ce Siecle. En 1702, il passa au commandement des Armées d'Italie où il battit le Prince Eugêne & les Impériaux, & en 1707, il fit la Campagne de Flandres: il retourna trois ans après en Espagne où il mourut à Vinaros le 11. Juin 1712. Cet homme célebre par ses exploits militaires, qui avoit le Roi Henri IV. pour Bisayeul, ne laissa d'autre postérité qu'un fils naturel qu'il fit son légataire.

re intitulée *Les trois Maries* (les trois MAIL-LYS), fut renfermé d'abord à la Baſtille & transféré dans la suite à Vincennes où il eſt mort. Ces papiers ſont dans un lieu humide : Ils ne tarderont pas à être pourris ou rongés par les vers : et la Poſtérité ſera privée de ces matériaux précieux & uniques en leur genre.

VII. Le Sieur *Vaillant* Prêtre vertueux, mais pour ſon malheur Appellant de la trop fameuſe *Bulle*, fut détenu à la Baſtille depuis 1728, juſqu'au 1731. Il y fut de nouveau renfermé en 1734. Des perſonnes livrées à l'illuſion ou ſéduites, débitérent que ,, ce Prêtre étoit *le Prophête Elie* deſ-,, cendu depuis peu ſur la terre, qu'il étoit ,, à la Baſtille, mais qu'il en ſortiroit mi-,, raculeuſement, & ſeroit mis à mort." Les partiſans de cet Eccléſiaſtique furent nommés *Vaillantiſtes*. Les vexations que l'on exerçoit contre lui, & ſes auſtérités lui avoient échauffé l'imagination. Il crut quelque tems qu'il étoit effectivement le Prophête Elie. Il s'attendoit à ſe voir enlever quelque jour dans un tourbillon de feu, & il l'annonçoit bonnement aux Officiers de l'Etat-Major. Le 26. Janvier 1739, le feu prit à ſa cheminée, il crut être au moment de ſon enlévement, mais le feu s'éteignit, & il demeura ſous les verrouils, comme à l'ordinaire. Alors il ſe crut obligé de déclarer très ſérieuſement par écrit au Sieur

Hérault Lieutenant de Police, que *lui* VAILLANT *n'étoit en aucun sens le Prophéte Elie, qu'il ne le représentoit pas, & n'avoit même aucune mission pour l'annoncer, agir, ni parler en son nom.* La longue solitude avoit affoibli son esprit. Un Dimanche étant entré dans la Chapelle pour entendre la Messe, il s'empare des Ornemens, passe l'aube, met la Chasuble & commence la Messe. On appelle du secours; le Major vient, veut interrompre le Prêtre qui continue. Le Major s'oppose, le Prêtre résiste; & les deux champions se prennent au collet. Cette scene priva pour toujours le Prisonnier d'assister à la Messe. Il fut transféré dans la suite à Vincennes où il est mort.

VIII. Le *Comte de Lally* a été près de 3. ans à la Bastille. Il étoit d'un tempérament violent. Un de ses propos favoris étoit „ qu'il ne connoissoit point de plaisir plus „ doux que celui de la vengeance, que c'é- „ toit vraiment le plaisir des Dieux. " Il disoit, *le Parlement me jugera suivant toute la rigueur des Loix, mais le Roi me fera grace, & commuera la peine.*

On lui avoit permis d'avoir avec lui un Sécretaire. Il le harceloit par ses duretés continuelles. Un jour ce Sécretaire ayant apperçu dans la grande cour un amas de Sang caillé provenu d'une saignée de malade qu'un valet avoit jetté par inconsidération, il fut saisi d'effroi, se crut prêt d'être supplicié;

la tête lui tourna. Il fut transféré à Charenton.

Le Major de la Baſtille eut ordre de conduire le Comte de Lally au Palais pour le dernier interrogatoire. M. le Premier Préſident vouloit que cet Officier lui ôtât le cordon de l'Ordre, & les marques de ſes dignités. Il refuſa, & les Huiſſiers le firent. Le Comte de Lally reconduit à la Baſtille, les promenades & les viſites lui furent interdites. Les Officiers ſe relevoient pour lui tenir compagnie. Son Arrêt ne fut exécuté que 3 ou 4. jours après qu'il eût été prononcé. Pendant ce tems, ſes parents ſe promenoient en voiture du côté de la porte Saint Antoine & faiſoient devant ſa fenêtre la démonſtration de ſe couper le cou. Tous leurs ſignaux furent inutiles, le Priſonnier concentré en lui même, ne jetta point les yeux de ce côté, & laiſſa tout à faire au Bourreau qu'il eût prévenu certainement. Le Major fut chargé de le ramener à la Conciergerie, & de paſſer dans ſa chambre la nuit d'horreur qui précéda ſon exécution. Il s'y reconcilia avec cet Officier qu'il avoit pris en haine. Le lendemain M. Pasquier Conſeiller au Parlement lui dit, *le Roi eſt plein de bonté, il vous fera ſurement grace, ſi vous déclarés ce que vous ſavés ſur vos deux complices, &c.* Lally entra en fureur; traita M. Pasquier de perfide; lui prodigua les injures les plus groſſieres, proféra avec emportement les imprécations & les blasphêmes les plus horribles. Le Magistrat ordonna qu'on lui mît un baillon à la bouche. Peu après le Confesseur parut, on lui ôta le baillon. Il fit semblant de se recueillir, tira une pointe de compas qu'il s'étoit ménagée, & s'appuya fortement dessus, voulant se détruire. On s'en apperçut, & on le désarma. Il dit, *F.... j'ai manqué mon coup.* Le Chirurgien trouva la blessure très légere. Enfin le patient se calma, & se confessa. Il fut exécuté le   Mai 1766.

La Famille du Comte de Lally avoit fait le relevé de toutes les circonstances de l'exécution du Duc de Biron, elle en sollicita inutilement la répétition. Cette Famille fut moins empressée à sauver la personne du coupable, qu'à recouvrer les sommes immenses qu'il avoit fait passer en Angleterre.

M. de Voltaire a donné recemment des *Fragmens sur l'Inde*, où il évoque à son tribunal le Procès du Comte de Lally, pour reviser l'Arrêt qui l'a condamné. On voit avec un mépris mêlé d'indignation, que ce vieillard qui se vante d'aimer le vrai par dessus tout, & qui se donne, comme ayant vû les Mémoires les plus circonstanciés, les Informations les plus secrettes du Procez, ne fait qu'effleurer les moyens de justification proposés dans les Memoires seuls de la Partie condamnée. Cela suffit à M. de Voltaire pour déclamer contre le Parlement de Paris, pour lui reprocher à tort & à travers des misères de deux cents ans, jusqu'à l'*Arrêt en faveur d'Aristote*; sans qu'il ait eu le bon sens de se dire à lui même que toutes les ames honnêtes seroient soulevées de cette méchanceté basse, qui profite de la circonstance où les membres de cette Compagnie victimes de leur zèle pour la Nation sont dispersés en exil, pour leur insulter sans pudeur. C'est bien là le coup de pied de l'âne, suivant la remarque de la *Gazette Littéraire de l'Europe* Année 1773.

F I N.

www.ingramcontent.com/pod-product-compliance
Lightning Source LLC
LaVergne TN
LVHW021700080426
835510LV00011B/1506